Impressum
Verlag: BABADADA GmbH, Nedderfeld 112 , 22529 Hamburg
Geschäftsführer / Verlagsleitung: Harald Hof
Druck: Books on Demand GmbH, In de Tarpen 42, 22848 Norderstedt

Imprint
Publisher: BABADADA GmbH, Nedderfeld 112 , 22529 Hamburg, Germany
Managing Director / Publishing direction: Harald Hof
Print: Books on Demand GmbH, In de Tarpen 42, 22848 Norderstedt, Germany

la escuela

skola

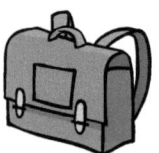

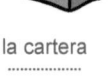

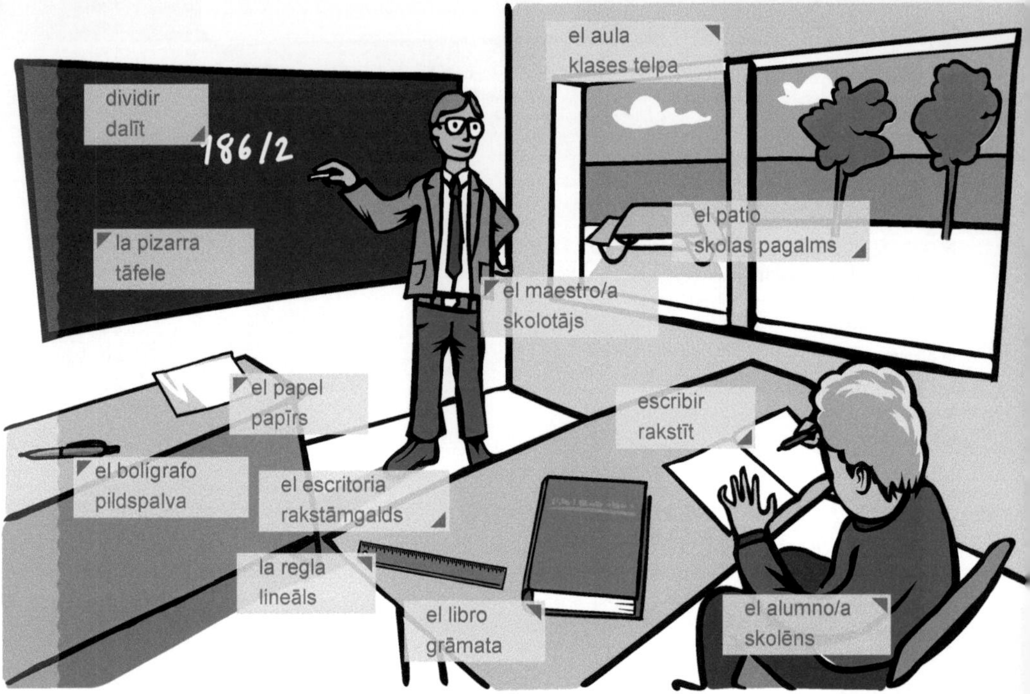

el aula
klases telpa
dividir
dalīt
186/2
la pizarra
tāfele
el patio
skolas pagalms
el maestro/a
skolotājs
el papel
papīrs
escribir
rakstīt
el bolígrafo
pildspalva
el escritoria
rakstāmgalds
la regla
lineāls
el libro
grāmata
el alumno/a
skolēns

la cartera
skolas soma

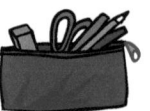

la caja de lápices
penālis

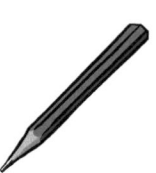

el lápiz
zīmulis

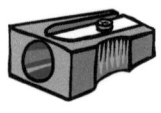

el sacapuntas
zīmuļu asināmais

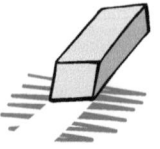

la goma de borrar
dzēšgumija

el cuaderno de dibujo
zīmēšanas bloks

el dibujo

zīmējums

el pincel

ota

la caja de pinturas

krāsas

las tijeras

šķēres

el pegamento

līme

el cuaderno de ejercicios

darba burtnīca

los deberes

mājas darbs

el número

skaitlis

sumar

saskaitīt

restar

atņemt

multiplicar

reizināt

calcular

rēķināt

la letra

burts

el alfabeto

alfabēts

la palabra

vārds

el texto

teksts

leer

lasīt

la tiza

krīts

la lección

mācību stunda

el cuaderno de notas

žurnāls

el examen

eksāmens

el certificado

liecība

el uniforme

skolas forma

la educación

izglītība

la enciclopedia

enciklopēdija

la universidad

universitāte

el microscopio

mikroskops

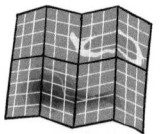

el mapa

karte

la papelera

papīrgrozs

el viaje
ceļojums

el hotel
viesnīca
Grand
el albergue
hostelis
ROOMS
oficina de cambio de divisas
alūtas maiņas punkts
EXCHANGE
la maleta
čemodāns
el coche
automašīna

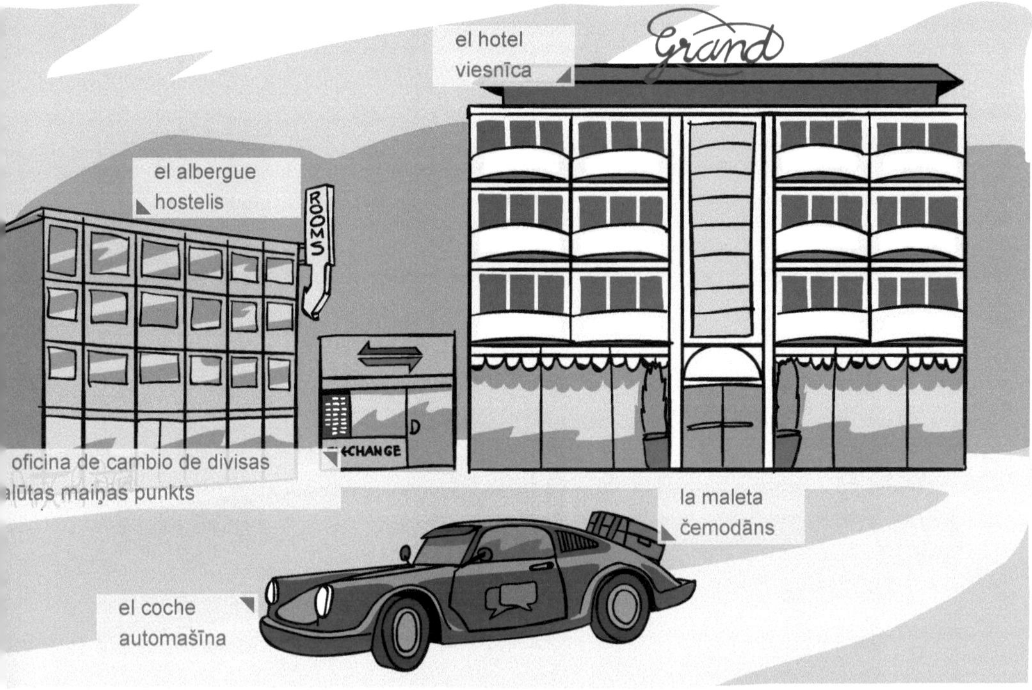

el idioma

Valoda

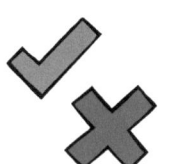

sí / no

jā / nē

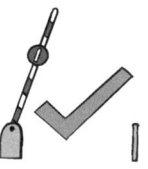

Vale

Okay

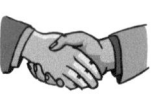

hola

Sveiki!

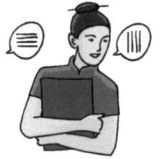

el traductor

tulks

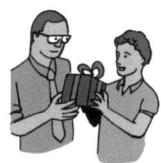

Gracias

paldies

¿cuánto es...?

Cik maksā...?

No entiendo

Es nesaprotu

el problema

problēma

¡Buenas tardes!

Labvakar!

¡Buenos días!

Labrīt!

¡Buenas noches!

Ar labu nakti!

adiós

Uz redzēšanos

la dirección

virziens

el equipaje

bagāža

la bolsa

soma

la mochila

mugursoma

el invitado

viesis

la habitación

istaba

el saco de dormir

guļammaiss

la tienda de campaña

telts

la información turística

tūrisma informācija

la playa

pludmale

la tarjeta de crédito

kredītkarte

el desayuno

brokastis

el almuerzo

pusdienas

la cena

vakariņas

el billete

biļete

el ascensor

lifts

el sello

pastmarka

la frontera

robeža

la aduana

muita

la embajada

vēstniecība

la visa

vīza

el pasaporte

pase

el transporte
transports

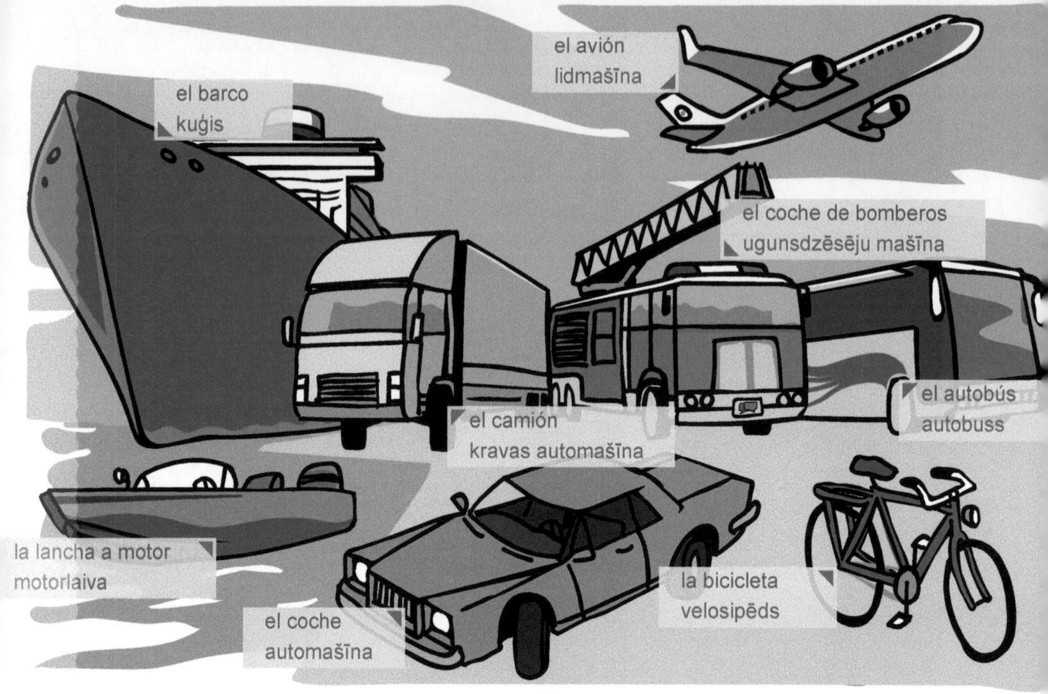
el avión
lidmašīna
el barco
kuģis
el coche de bomberos
ugunsdzēsēju mašīna
el autobús
autobuss
el camión
kravas automašīna
la lancha a motor
motorlaiva
la bicicleta
velosipēds
el coche
automašīna

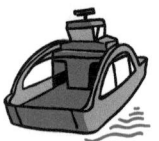

el transbordador

prāmis

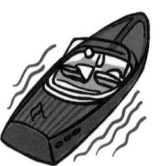

la barca

laiva

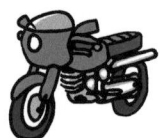

la moto

motocikls

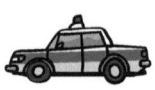

el coche de policía

policijas automašīna

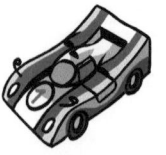

el coche de carreras

sacīkšu automobilis

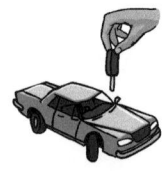

el coche de alquiler

nomas auto

el préstamo de vehículos

auto koplietošana

la grúa

evakuators

el camión de la basura

atkritumu mašīna

el motor

dzinējs

la gasolina

benzīns

la gasolinera

degvielas uzpildes stacija

la señal de tráfico

ceļa zīme

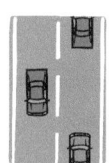

el tráfico

satiksme

el atasco

sastrēgums

el aparcamiento

stāvvieta

la estación de tren

dzelzceļa stacija

las vías

sliedes

el tren

vilciens

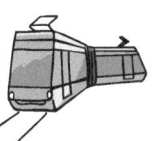

el tranvía

tramvajs

el vagón

vagons

el helicóptero

helikopters

el aeropuerto

lidosta

la torre

tornis

el pasajero

pasažieris

el contenedor

konteiners

la caja de cartón

kaste

la carretilla

ratiņi

la cesta

grozs

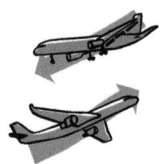

despegar / aterrizar

pacelties / nosēsties

la ciudad

pilsēta

el pueblo

ciems

el centro de la ciudad

pilsētas centrs

la casa

māja

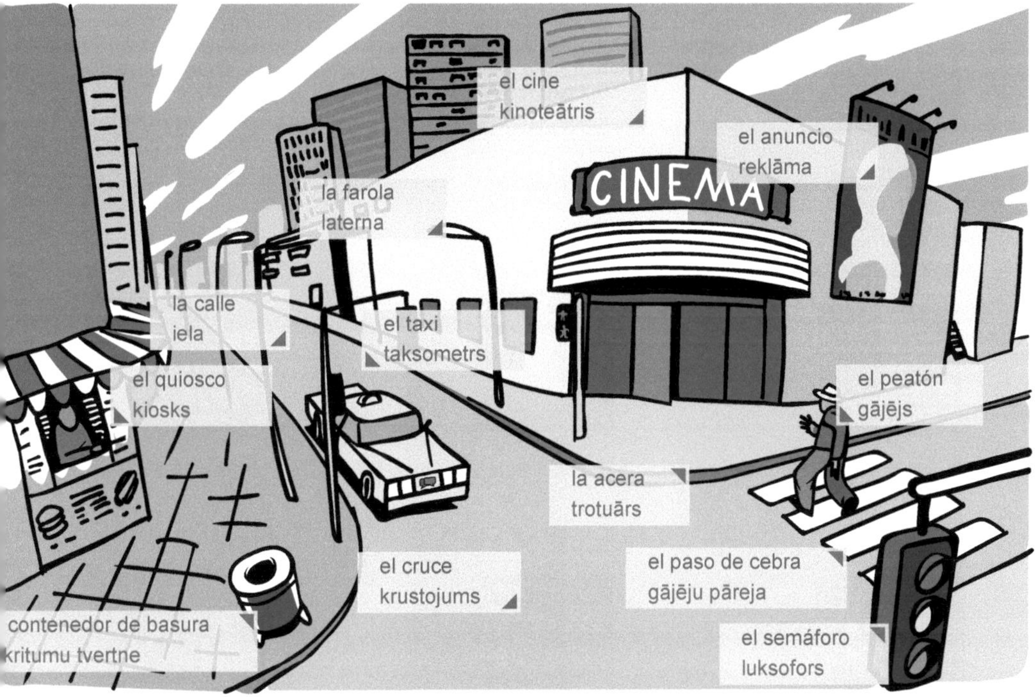

el cine
kinoteātris
el anuncio
reklāma
CINEMA
la farola
laterna
la calle
iela
el taxi
taksometrs
el quiosco
kiosks
el peatón
gājējs
la acera
trotuārs
el cruce
krustojums
el paso de cebra
gājēju pāreja
contenedor de basura
kritumu tvertne
el semáforo
luksofors

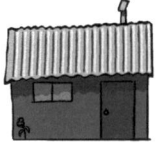

la cabaña

būda

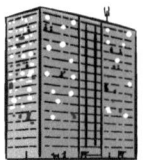

el apartamento

dzīvoklis

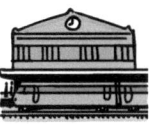

la estación de tren

dzelzceļa stacija

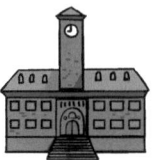

el ayuntamiento

rātsnams

MUSEUM

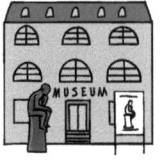

el museo

muzejs

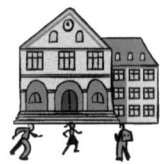

la escuela

skola

la universidad
universitāte

el banco
banka

el hospital
slimnīca

el hotel
viesnīca

la farmacia
aptieka

la oficina
birojs

la librería
grāmatnīca

la tienda de campaña
veikals

la floristería
ziedu veikals

el supermercado
lielveikals

el mercado
tirgus

los grandes almacenes
tirdzniecības centrs

la pescadería
zivju tirgotājs

el centro comercial
tirdzniecības centrs

el puerto
osta

el parque

parks

el banco

sols

el puente

tilts

las escaleras

kāpnes

el metro

metro

el túnel

tunelis

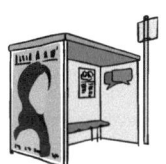

la parada de autobús

autobusa pieturvieta

el bar

bārs

el restaurante

restorāns

el buzón

pastkastīte

el poste indicador

ielas nosaukuma plāksne

el parquímetro

stāvlaika skaitītājs

el zoo

zooloģiskais dārzs

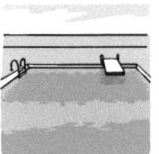

la piscina

peldbaseins

la mezquita

mošeja

la granja
zemnieku saimniecība

la contaminación
vides piesārņojums

el cementerio
kapsēta

la iglesia
baznīca

el patio de juego
spēļu laukums

el templo
templis

el paisaje
ainava

la hoja
lapa

la señal
ceļrādis

el camino
ceļš

el prado
pļava

la piedra
akmens

el árbol
koks

el excursionista
ceļotājs

el río
upe

la hierba
zāle

la flor
puķe

el valle

ieleja

la colina

kalns

el lago

ezers

el bosque

mežs

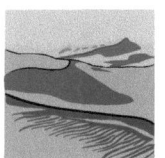

el desierto

tuksnesis

el volcán

vulkāns

el castillo

pils

el arcoíris

varavīksne

el champiñón

sēne

la palmera

palma

el mosquito

moskīts

la mosca

muša

la hormiga

skudra

la abeja

bite

la araña

zirneklis

el escarabajo
vabole

la rana
varde

la ardilla
vāvere

el erizo
ezis

la liebre
zaķis

la lechuza
pūce

el pájaro
putns

el cisne
gulbis

el jabalí
meža cūka

el ciervo
briedis

el alce
alnis

la presa
aizsprosts

la turbina eólica
vēja ģenerators

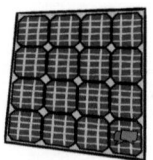

el panel solar
saules baterija

el clima
klimats

el camarero
viesmīlis

el menú
ēdienkarte

la silla
krēsls

la sopa
zupa

la pizza
pica

la cubertería
galda piederumi

el mantel
galdauts

el primer plato

uzkoda

el plato principal

pamatēdiens

el postre

deserts

las bebidas

dzērieni

la comida

ēdiens

la botella

pudele

la comida rápida

ātrās uzkodas

la comida callejera

ielu uzkodas

la tetera

tējkanna

el azucarero

cukurtrauks

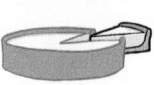

la porción

porcija

la cafetera expreso

espresso kafijas automāts

la trona

bāra krēsls

la cuenta

rēķins

la bandeja

paplāte

el cuchillo

nazis

el tenedor

dakša

la cuchara

karote

la cucharilla

tējkarote

la servilleta

salvete

el vaso

glāze

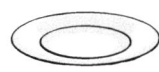

el plato

šķīvis

el plato hondo

zupas šķīvis

el platillo

apakštase

la salsa

mērce

el salero

sāls trauciņš

el molinillo de pimienta

piparu dzirnaviņas

el vinagre

etiķis

el aceite

eļļa

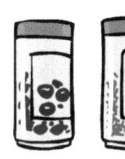

las especias

garšvielas

el ketchup

kečups

la mostaza

sinepes

la mayonesa

majonēze

el supermercado
lielveikals

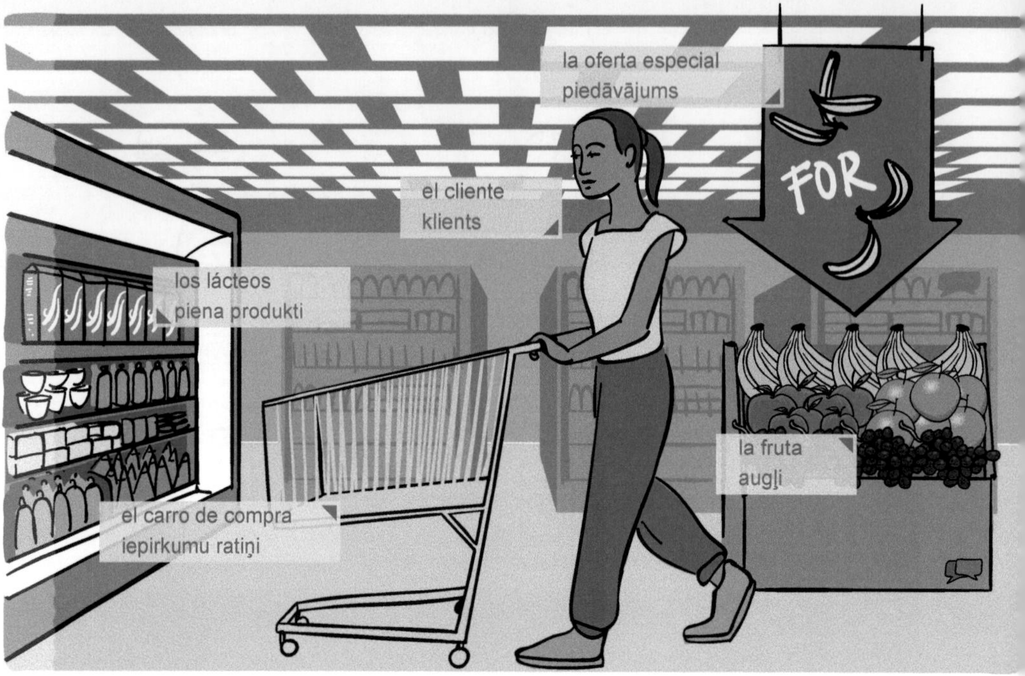
la oferta especial
piedāvājums
FOR
el cliente
klients
los lácteos
piena produkti
la fruta
augļi
el carro de compra
iepirkumu ratiņi

BUTCHERS

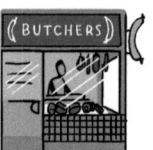

la carniceria

kautuve

BAKERY

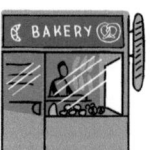

la panadería

maizes veikals

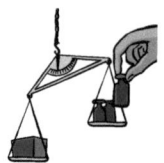

pesar

svērt

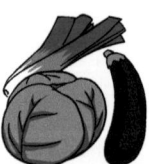

las verduras

dārzeņi

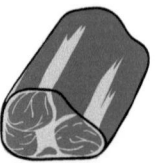

la carne

gaļa

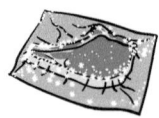

los alimentos congelados

saldēti produkti

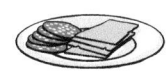

los fiambres

aukstās gaļas uzkodas

las conservas

konservi

el detergente en polvo

pulveris

los dulces

saldumi

productos de uso doméstico

mājsaimniecības preces

productos de limpieza

tīrīšanas līdzeklis

la vendedora

pārdevēja

la caja de cartón

kase

el cajero

kasieris

la lista de la compra

iepirkumu saraksts

el horario de atención al público

darba laiks

la cartera

maks

la tarjeta de crédito

kredītkarte

la bolsa de plástico

soma

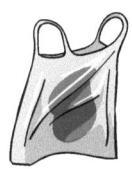

la bolsa de plástico

maisiņš

el agua

ūdens

el zumo

sula

la leche

piens

la cola

kola

el vino

vīns

la cerveza

alus

el alcohol

alkohols

el cacao

kakao

el té

tēja

el café

kafija

el expreso

espresso

el capuchino

kapučīno

el plátano

banāns

la manzana

ābols

la naranja

apelsīns

el melón

melone

el limón

citrons

la zanahoria

burkāns

el ajo

ķiploks

el bambú

bambuss

la cebolla

sīpols

el champiñón

sēne

las avellanas

rieksti

los fideos

makaroni

las espagueti

spageti

el arroz

rīsi

la ensalada

salāti

las patatas fritas

frī kartupeļi

las patatas fritas

cepti kartupeļi

la pizza

pica

la hamburguesa

hamburgers

el sándwich

sviestmaize

el filete

šnicele

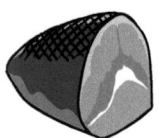

el jamón

šķiņķis

le salami

salami

la salchicha

desa

el pollo

vista

el asado

cepetis

el pescado

zivs

los copos de avena

auzu pārslas

el muesli

muslis

los copos de maíz

brokastu pārslas

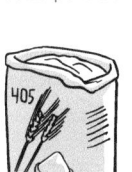

la harina

milti

el cruasán

radziņš

el panecillo

brokastu maizītes

el pan

maize

la tostada

tostermaize

las galletas

cepumi

la mantequilla

sviests

la cuajada

biezpiens

el pastel

kūka

el huevo

ola

el huevo frito

cepta ola

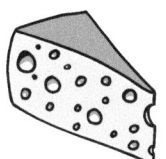

el queso

siers

el helado

saldējums

el azúcar

cukurs

la miel

medus

la mermelada

marmelāde

la crema de turrón

riekstu krēms

el curry

karijs

la granja
zemnieku saimniecība

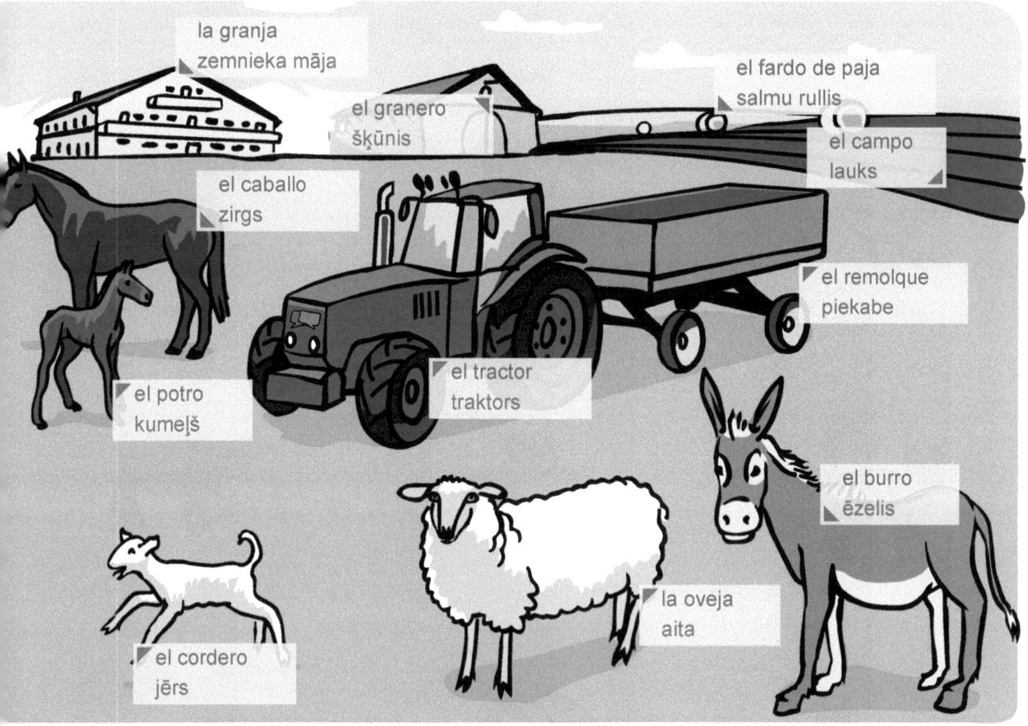
la granja
zemnieka māja
el granero
šķūnis
el fardo de paja
salmu rullis
el campo
lauks
el caballo
zirgs
el remolque
piekabe
el tractor
traktors
el potro
kumeļš
el burro
ēzelis
la oveja
aita
el cordero
jērs

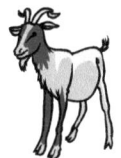

la cabra
kaza

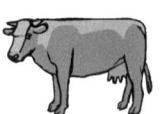

la vaca
govs

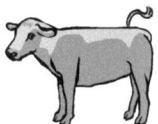

el ternero
teļš

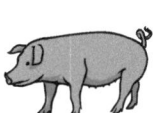

el cerdo
cūka

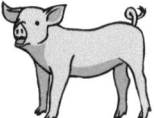

el cerdito
sivēns

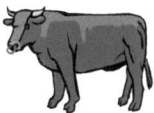

el toro
bullis

el ganso

zoss

el pato

pīle

el pollo

cālis

la gallina

vista

el gallo

gailis

la rata

žurka

el gato

kaķis

el ratón

pele

el buey

vērsis

el perro

suns

la perrera

suņa būda

la manguera

dārza šļūtene

la regadera

lejkanna

la guadaña

izkapts

el arado

arkls

la hoz

sirpis

la azada

kaplis

la horca

mēslu dakša

el hacha

cirvis

la carretilla

ķerra

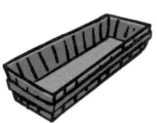

el abrevadero

sile

la lechera

piena kanna

el saco

maiss

la valla

žogs

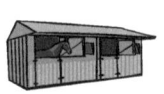

el establo

kūts

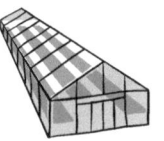

el invernadero

siltumnīca

el suelo

augsne

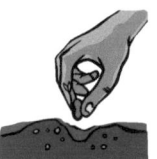

la semilla

sēklas

el fertilizador

mēslojums

la cosechadora

kombains

cosechar

novākt ražu

la cosecha

raža

el ñame

jamss

el trigo

kvieši

el soja

soja

la patata

kartupelis

el maíz

kukurūza

la semilla de colza

rapsis

el árbol frutal

augļu koks

la mandioca

manioka

las cereales

labība

la casa
māja

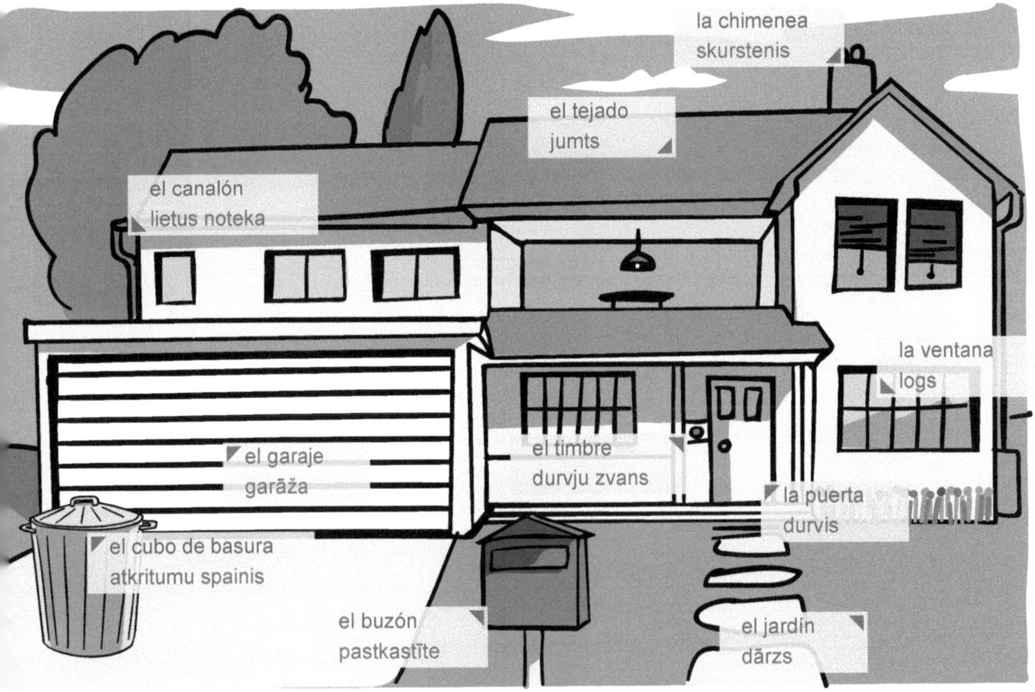
la chimenea
skurstenis
el tejado
jumts
el canalón
lietus noteka
la ventana
logs
el garaje
garāža
el timbre
durvju zvans
la puerta
durvis
el cubo de basura
atkritumu spainis
el buzón
pastkastīte
el jardín
dārzs

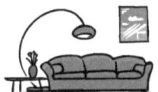

la sala
....
viesistaba

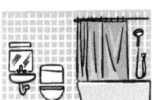

el cuarto de baño
....
vannas istaba

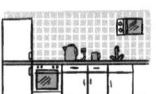

la cocina
....
virtuve

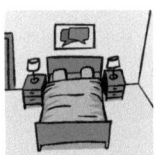

el dormitorio
....
guļamistaba

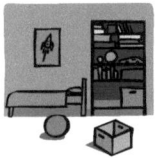

la habitación de los niños
....
bērnu istaba

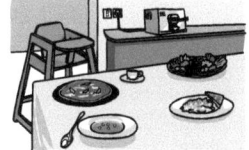

el comedor
....
ēdamistaba

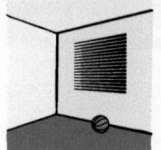

el suelo

grīda

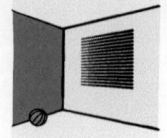

la pared

siena

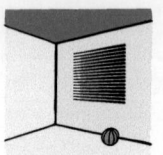

el techo

griesti

el sótano

pagrabs

la sauna

sauna

el balcón

balkons

la terraza

terase

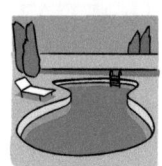

la piscina

baseins

el cortacésped

zāles pļāvējs

la sábana

gultas veļa

la colcha

sega

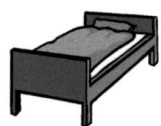

la cama

gulta

la escoba

slota

el balde

spainis

el interruptor

slēdzis

la sala
viesistaba

el papel pintado
tapetes
la imagen
attēls
la lámpara
lampa
el estante
plaukts
el armario
skapis
la televisión
televizors
la chimenea
kamīns
la flor
puķe
el cojín
spilvens
el sofá
dīvāns
el jarrón
vāze
el mando a distancia
tālvadības pults

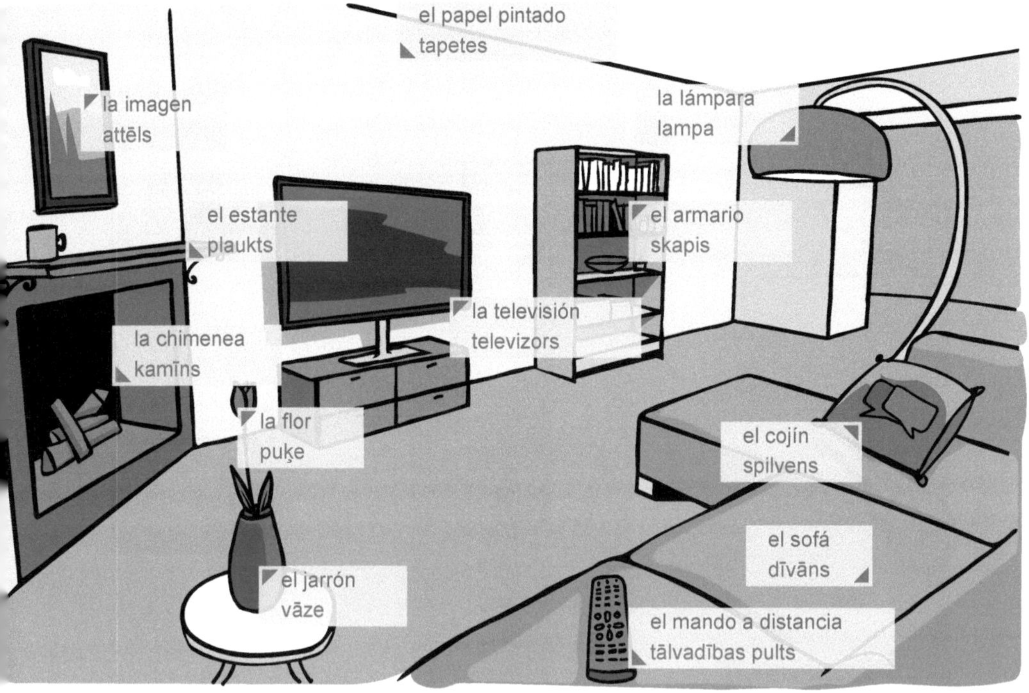

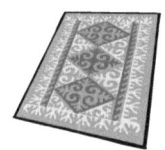

la alfombra

paklājs

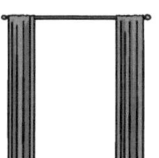

la cortina

aizkars

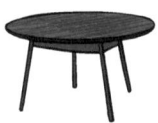

la mesa

galds

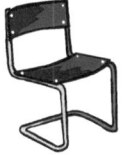

la silla

krēsls

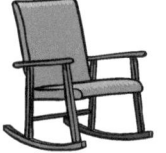

el mecedora

šūpuļkrēsls

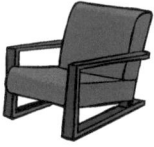

la butaca

atpūtas krēsls

el libro

grāmata

la manta

sega

la decoración

dekorācija

la leña

malka

la película

filma

el equipo de música

mūzikas centrs

la llave

atslēga

el periódico

avīze

la pintura

glezna

el póster

plakāts

la radio

radio

el cuaderno

pierakstu blociņš

la aspiradora

putekļu sūcējs

el cactus

kaktuss

la vela

svece

la cocina
virtuve

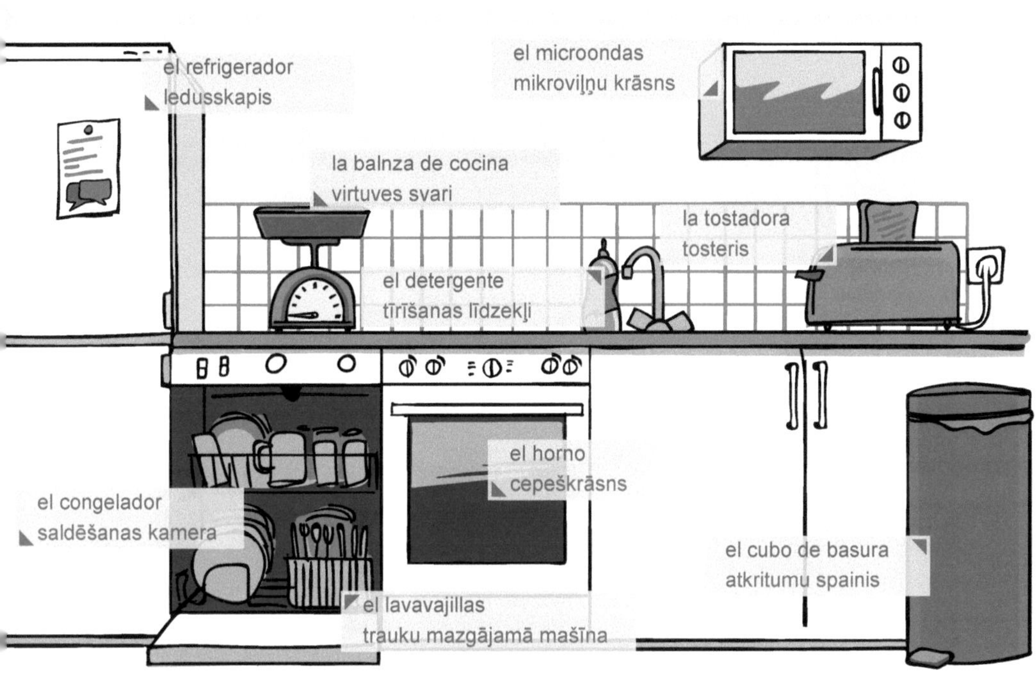
el refrigerador
ledusskapis
el microondas
mikroviļņu krāsns
la balnza de cocina
virtuves svari
la tostadora
tosteris
el detergente
tīrīšanas līdzekļi
el horno
cepeškrāsns
el congelador
saldēšanas kamera
el cubo de basura
atkritumu spainis
el lavavajillas
trauku mazgājamā mašīna

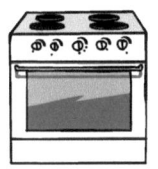

la olla a presión
plīts

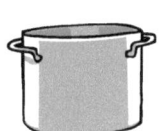

la olla
pods

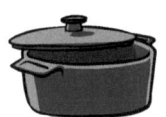

la olla de hierro fundido
katls

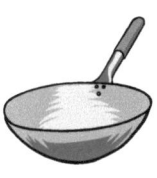

el wok
Wok panna

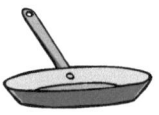

la cazuela
panna

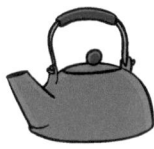

el hervidor
elektriskā tējkanna

la vaporera

tvaika katls

la chapa de horno

cepešpanna

la vajilla

trauki

la taza

krūze

el tazón

bļoda

los palillos

irbulīši

el cucharón

kauss

la espumadera

lāpstiņa

el batidor

putošanas slotiņa

el colador

sietiņš

el cedazo

siets

el rallador

rīve

el mortero

piesta

la barbacoa

grilēt

la hoguera

atklāts pavards

la tabla de picar

dēlis

el rodillo

mīklas rullis

el sacacorchos

korķu viļķis

la lata

bundža

el abrelatas

konservu nazis

el agarrador

virtuves cimdi

el lavabo

izlietne

el cepillo

birste

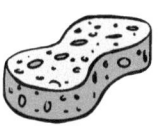

la esponja

sūklis

la batidora

mikseris

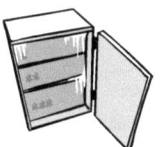

el congelador

saldētava

el biberón

bērna pudelīte

el grifo

ūdenskrāns

el cuarto de baño

vannas istaba

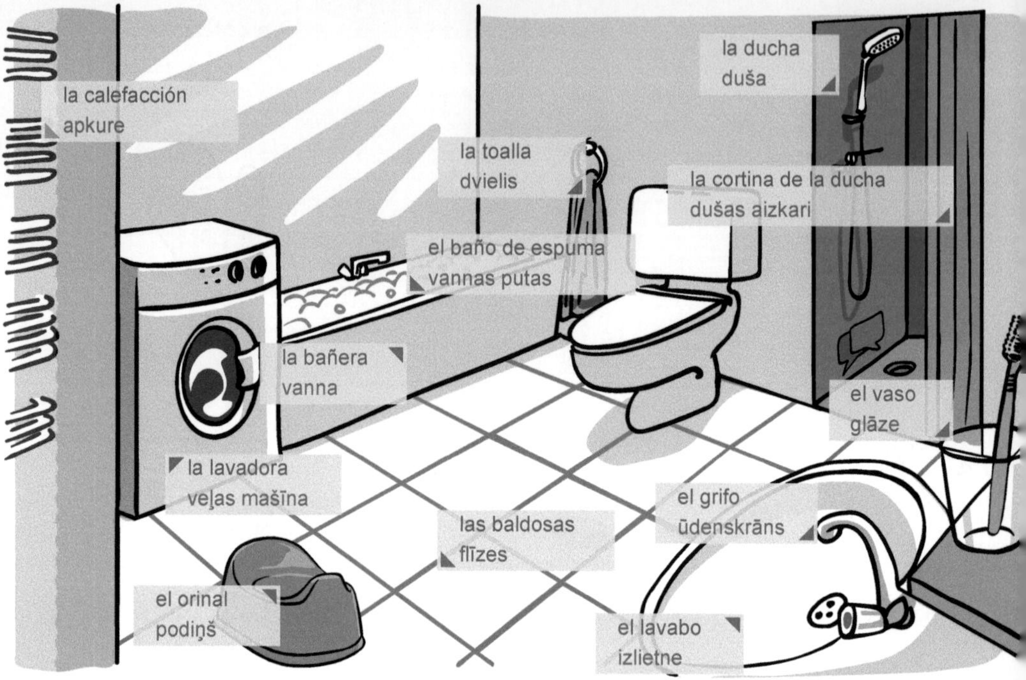
la calefacción
apkure
la ducha
duša
la toalla
dvielis
la cortina de la ducha
dušas aizkari
el baño de espuma
vannas putas
la bañera
vanna
el vaso
glāze
la lavadora
veļas mašīna
el grifo
ūdenskrāns
las baldosas
flīzes
el orinal
podiņš
el lavabo
izlietne

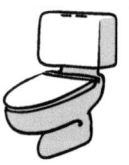

el inodoro

tualetes pods

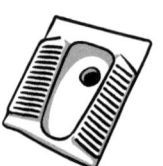

el inodoro rústico

Āzijas tipa tualete

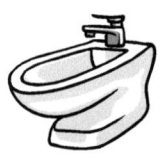

el bidé

bidē

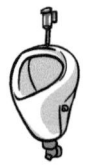

el urinario

pisuārs

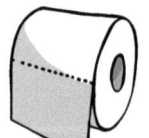

el papel higiénico

tualetes papīs

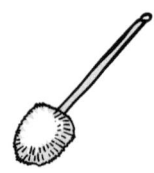

la escobilla del váter

tualetes birste

el cepillo de dientes

zobu birste

la pasta de dientes

zobu pasta

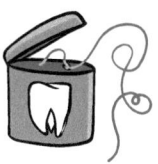

el hilo dental

zobu diegs

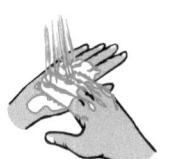

lavar

mazgāt

la ducha de mano

rokas duša

la ducha íntima

duša

la pila

bļoda

el cepillo de espalda

muguras mazgāšanas birste

el jabón

ziepes

el gel de ducha

dušas želeja

el champú

šampūns

la toallita

mazgāšanas drāna

el desagüe

noteka

la crema

krēms

el desodorante

dezodorants

el espejo
spogulis

el espejo de tocador
spogulītis

la maquinilla de afeitar
skuveklis

la espuma de afeitar
skūšanās putas

la loción postafeitado
losjons pēc skūšanās

el peine
ķemme

el cepillo
matu suka

el secador
matu fēns

la laca
matu laka

el maquillaje
grima komplekts

el pintalabios
lūpu krāsa

el pintauñas
nagulaka

el algodón
vate

el cortauñas
šķērītes

el perfume
smaržas

el estuche de viaje

kosmētikas maks

la banqueta

ķeblītis

la balanza

svari

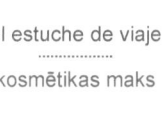

el albornoz

halāts

los guantes de goma

tīrīšanas cimdi

el tampón

tampons

la compresa

pakete

el inodoro químico

ķīmiskā tualete

la habitación de los niños
bērnu istaba

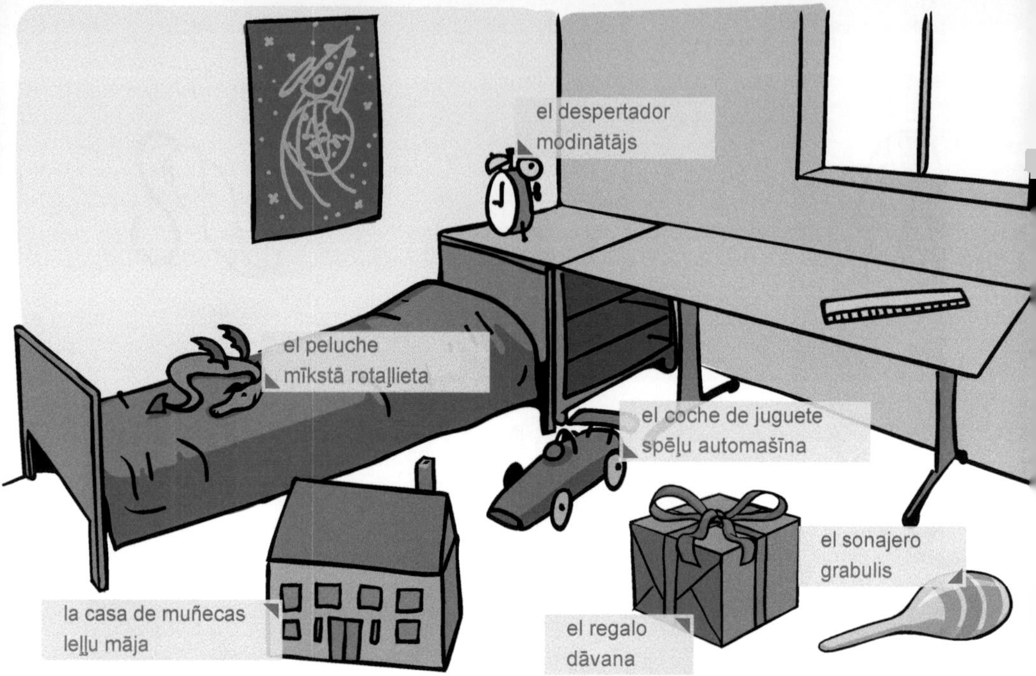
el despertador
modinātājs
el peluche
mīkstā rotaļlieta
el coche de juguete
spēļu automašīna
el sonajero
grabulis
la casa de muñecas
leļļu māja
el regalo
dāvana

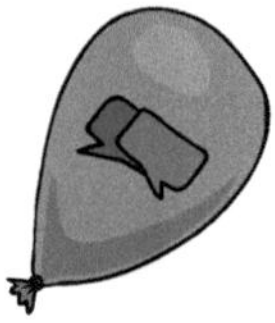

el globo
balons

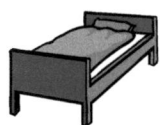

la cama
gulta

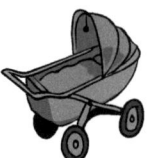

el coche de niño
bērnu ratiņi

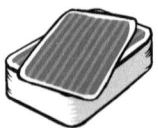

los naipes
kārtis

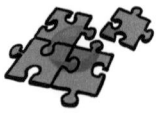

el puzle
puzle

el tebeo
komikss

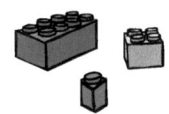

las piezas de lego

LEGO klucīši

los bloques de juguete

klucīši

la figura de acción

varoņu figūra

el bodi (de bebé)

rāpulītis

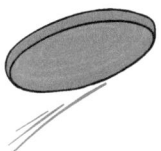

el frisbee

lidojošais šķīvītis

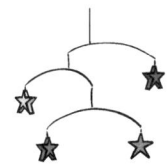

el colgador móvil para bebés

muzikālais karuselis

el juego de mesa

galda spēle

los dados

metamais kauliņš

el circuito de tren eléctrico

rotaļu dzelzceļš

el maniquí

māneklis

la fiesta

ballīte

el álbum de fotos

bilžu grāmata

la pelota

bumba

la muñeca

lelle

jugar

spēlēt

el cajón de arena

smilšu kaste

el columpio

šūpoles

los juguetes

rotaļlietas

la videoconsola

spēļu konsole

el triciclo

trīsritenis

el oso de peluche

plīša lācītis

la guardarropa

drēbju skapis

la ropa

apģērbs

los calcetines

īszeķes

las medias

zeķes

los leotardos

zeķbikses

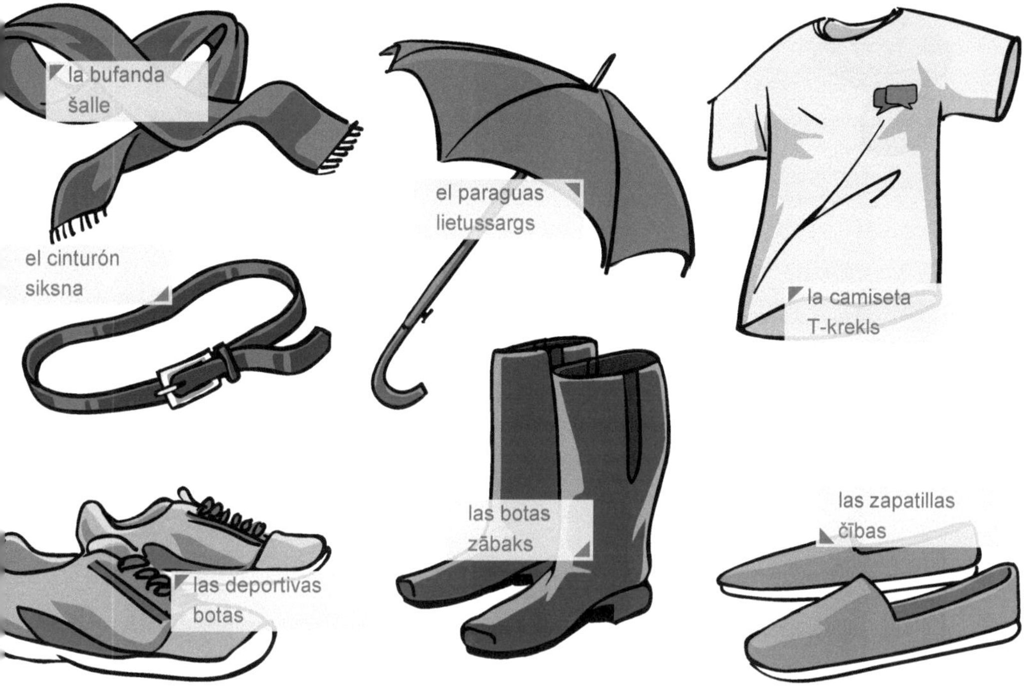

la bufanda
šalle

el paraguas
lietussargs

la camiseta
T-krekls

el cinturón
siksna

las botas
zābaks

las zapatillas
čības

las deportivas
botas

las sandalias
....
sandales

los zapatos
....
kurpes

las botas de goma
....
gumijas zābaki

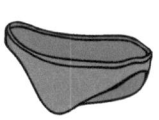

el slip
....
apakšbikses

el sostén
....
krūšturis

el chaleco
....
apakškrekls

la ropa - apģērbs

45

el bodi

bodijs

los pantalones cortos

bikses

los vaqueros

džinsi

la falda

svārki

la blusa

blūze

la camisa

krekls

el jersey

pulovers

el suéter

džemperis

el blazer

žakete

la chaqueta

jaka

el abrigo

mētelis

la gabardina

lietus mētelis

el traje

kostīms

el vestido

kleita

el vestido de novia

kāzu kleita

el traje

uzvalks

el camisón

naktskrekls

el pijama

pidžama

el sati

sari

el bandana

lakats

el turbante

turbāns

la burka

burka

el caftán

kaftāns

la abaya

abaja

el traje de baño

peldkostīms

el bañador

peldbikses

los pantalones cortos

šorti

el chándal

treniņtērps

el delantal

priekšauts

los guantes

cimdi

el botón

poga

las gafas

brilles

el brazalete

rokassprādze

el collar

kaklarota

el anillo

gredzens

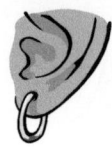

el pendiente

auskars

la gorra

cepure

la percha

drēbju pakaramais

el sombrero

platmale

la corbata

kaklasaite

la cremallera

rāvējslēdzējs

el casco

ķivere

los tirantes

bikšturi

el uniforme

skolas forma

el uniforme

uniforma

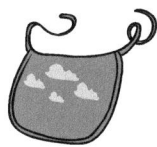

el babero

priekšautiņš

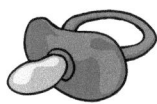

el maniquí

māneklis

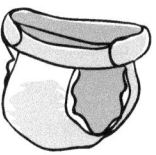

el pañal

autiņbiksītes

la oficina

birojs

el servidor
serveris
el archivo
dokumentu skapis
la impresora
printeris
el papel
papīrs
el monitor
monitors
el ratón
pele
el escritoria
rakstāmgalds
la carpeta
dokumentu vāki
el teclado
klaviatūra
la silla
krēsls
la papelera
papīrgrozs
el ordenador
dators

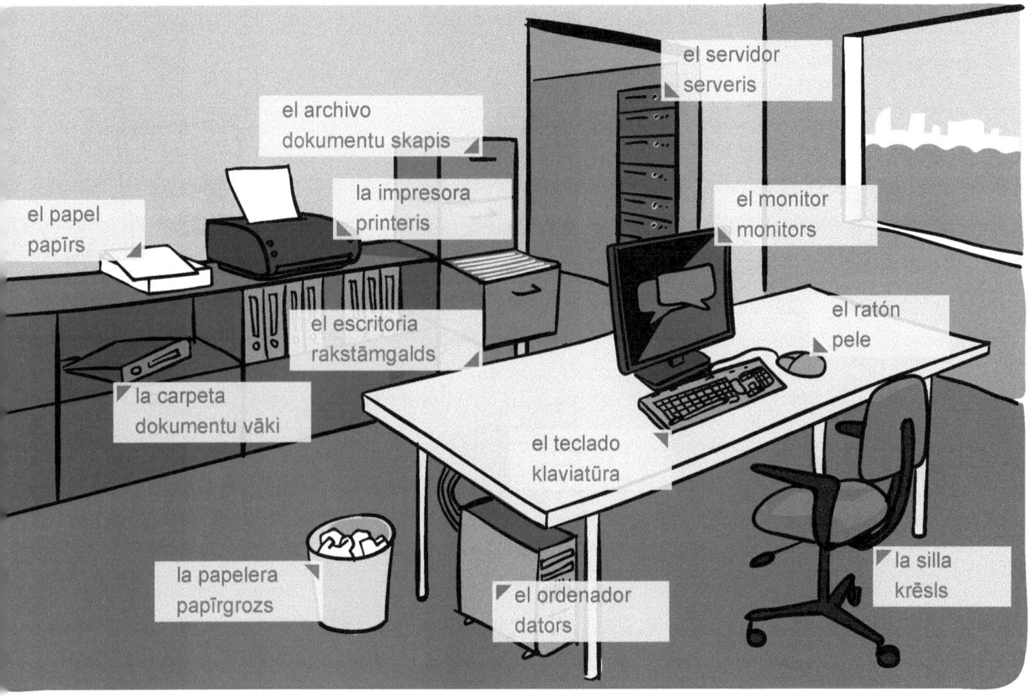

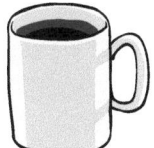

la taza de café

kafijas krūze

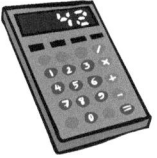

la calculadora

kalkulators

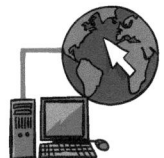

el internet

internets

el portátil

portatīvais dators

la carta

vēstule

el mensaje

ziņa

el móvil

mobilais tālrunis

la red

tīkls

la fotocopiadora

kopētājs

el software

programmatūra

el teléfono

telefons

la toma de corriente

rozete

el fax

faksa aparāts

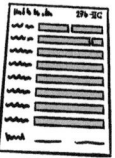

el formulario

formulārs

el documento

dokuments

comprar

pirkt

pagar

samaksāt

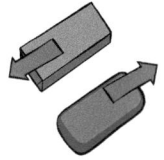

comerciar

tirgot

el dinero

nauda

el dólar

dolārs

el euro

eiro

el yen

jēna

el rublo

rublis

el franco suizo

franks

el renminbi yuan

juaņa renminbi

la rupia

rūpija

el cajero automático

bankomāts

la oficina de cambio de divisas

valūtas maiņas punkts

el oro

zelts

la plata

sudrabs

el petróleo

nafta

la energía

enerģija

el precio

cena

el contrato

līgums

el impuesto

nodoklis

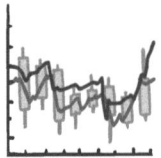

la acción

akcija

trabajar

strādāt

el empleador

darbinieks

el empleador

darba devējs

la fábrica

fabrika

la tienda de campaña

veikals

los oficios
profesijas

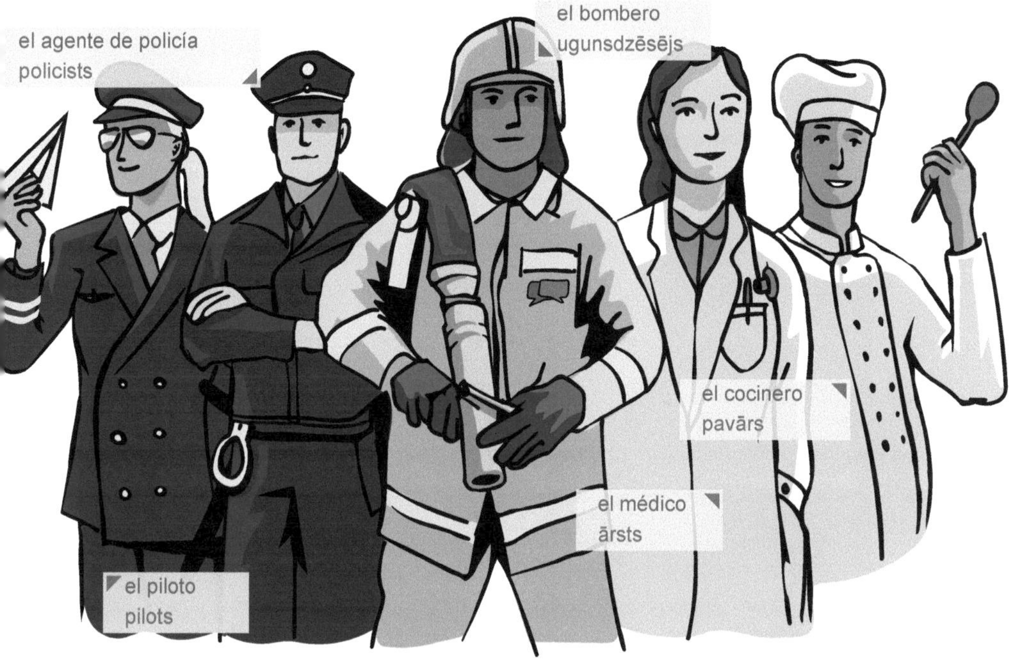
el agente de policía
policists
el bombero
ugunsdzēsējs
el cocinero
pavārs
el médico
ārsts
el piloto
pilots

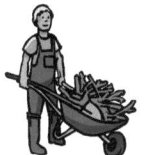

el jardinero
dārznieks

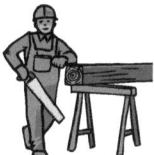

el carpintero
galdnieks

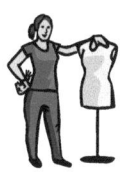

la costurera
šuvēja

el juez
tiesnesis

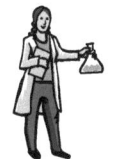

el farmacéutico
ķīmiķis

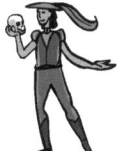

el actor
aktieris

el conductor de autobús

autobusa vadītājs

el taxista

taksometra vadītājs

el pescador

zvejnieks

la señora de la limpieza

apkopēja

el techador

jumiķis

el camarero

viesmīlis

el cazador

mednieks

el pintor

gleznotājs

el panadero

maiznieks

el electricista

elektriķis

el obrero

celtnieks

el ingeniero

inženieris

el carnicero

miesnieks

el fontanero

skārdnieks

el cartero

pastnieks

el soldado

karavīrs

el arquitecto

arhitekts

el cajero

kasieris

el florista

florists

el peluquero

frizieris

el revisor

konduktors

el mecánico

mehāniķis

el capitán

kapteinis

el dentista

zobārsts

el científico

zinātnieks

el rabino

rabīns

el imán

imāms

el monje

mūks

el sacerdote

mācītājs

las herramientas
instrumenti

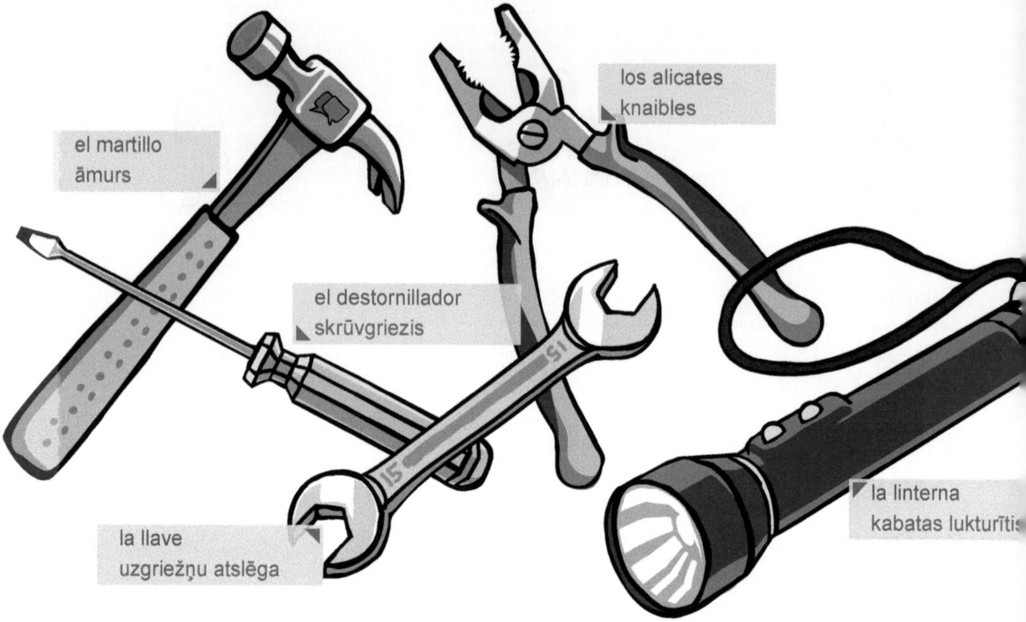

el martillo
āmurs
los alicates
knaibles
el destornillador
skrūvgriezis
la llave
uzgriežņu atslēga
la linterna
kabatas lukturīti

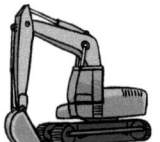

la excavadora

ekskavators

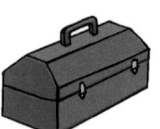

la caja de herramientas

instrumentu kaste

la escalera de mano

kāpnes

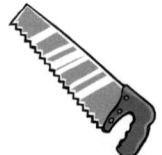

la sierra

zāģis

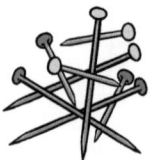

los clavos

naglas

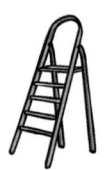

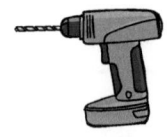

el taladro

urbis

reparar
remontēt

la pala
lāpsta

¡Maldita sea!
Velns!

el recogedor
liekšķere

el bote de pintura
krāsas bundža

los tornillos
skrūves

los instrumentos musicales
mūzikas instrumenti

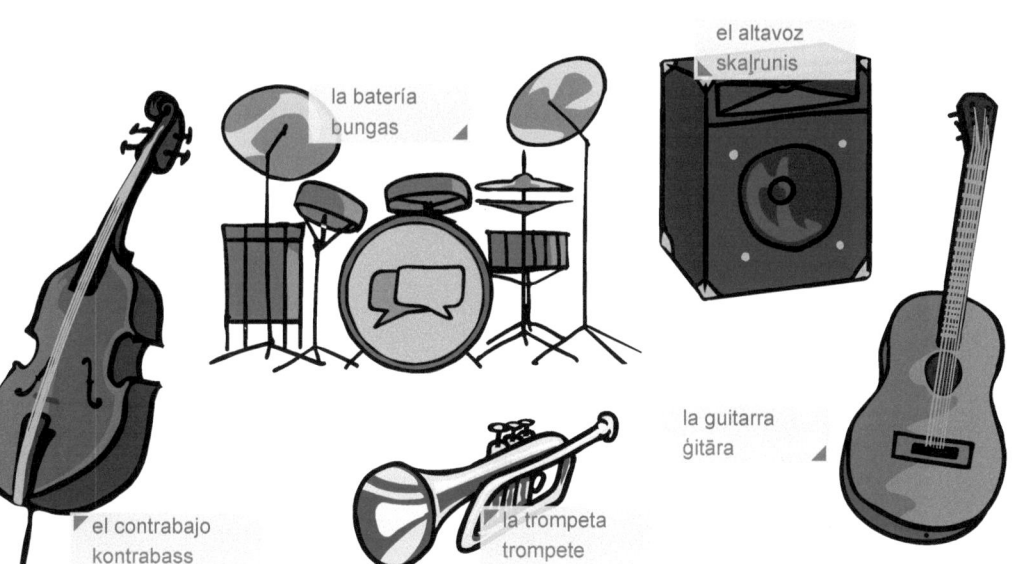

el altavoz
skaļrunis

la batería
bungas

el contrabajo
kontrabass

la trompeta
trompete

la guitarra
ģitāra

el piano

klavieres

el violín

vijole

bajo

bass

los timbales

timpāni

el tambor

bungas

el teclado

digitālās klavieres

el saxofón

saksofons

la flauta

flauta

el micrófono

mikrofons

el zoo
zoologiskais dārzs

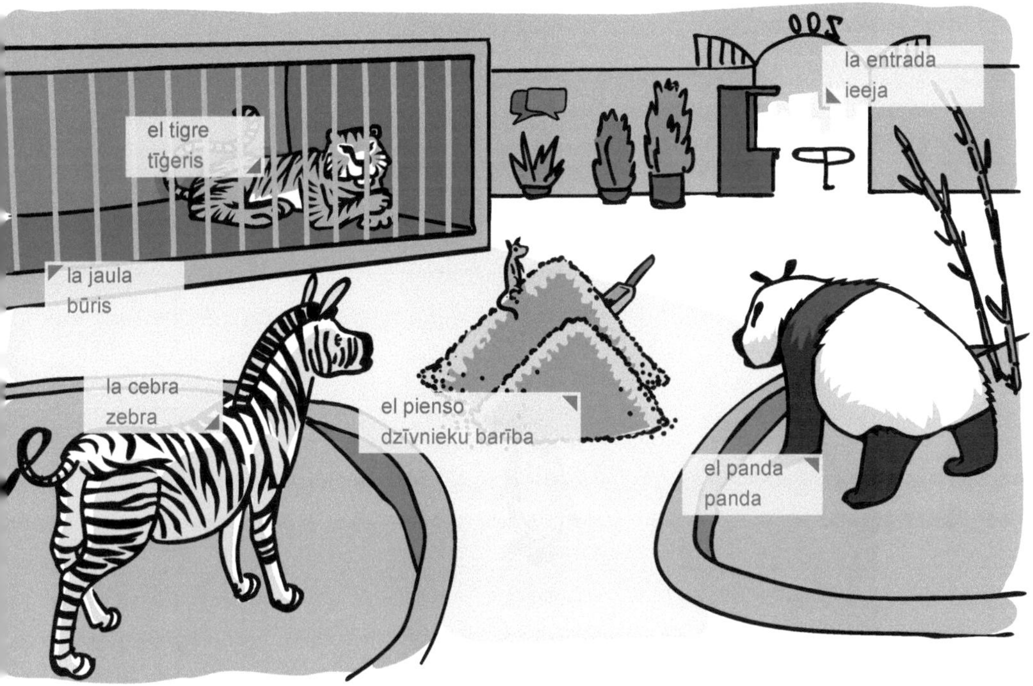

ZOO
la entrada
ieeja
el tigre
tīģeris
la jaula
būris
la cebra
zebra
el pienso
dzīvnieku barība
el panda
panda

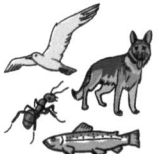

los animales

dzīvnieki

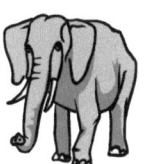

el elefante

zilonis

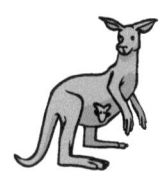

el canguro

ķengurs

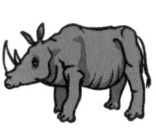

el rinoceronte

degunradzis

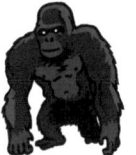

el gorila

gorilla

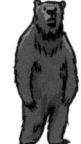

el oso

lācis

el camello

kamielis

el avestruz

strauss

el león

lauva

el mono

pērtiķis

el flamingo

flamings

el loro

papagailis

el oso polar

polārlācis

el pingüino

pingvīns

el tiburón

haizivs

el pavo real

pāvs

la serpiente

čūska

el cocodrilo

krokodils

el guardián de zoológico

zoodārza sargs

la foca

ronis

el jaguar

jaguārs

el poni
ponijs

el leopardo
leopards

el hipopótamo
nīlzirgs

la jirafa
žirafe

el águila
ērglis

el jabalí
meža cūka

el pescado
zivs

la tortuga
bruņurupucis

la morsa
valzirgs

el zorro
lapsa

la gacela
gazele

el fútbol americano
amerikāņu futbols

el ciclismo
riteņbraukšana

el tenis
teniss

el baloncesto
basketbols

la natación
peldēšana

el boxeo
bokss

el hockey sobre hielo
hokejs

el fútbol

futbols

el bádminton

badmintons

el atletismo

vieglatlētika

el balonmano

rokas bumba

el esquí

slēpošana

el polo

polo

las actividades
darbības

reír
smieties
saltar
lēkt
abrazar
apskaut
caminar
iet
cantar
dziedāt
soñar
sapņot
rezar
lūgt
besar
skūpstīt

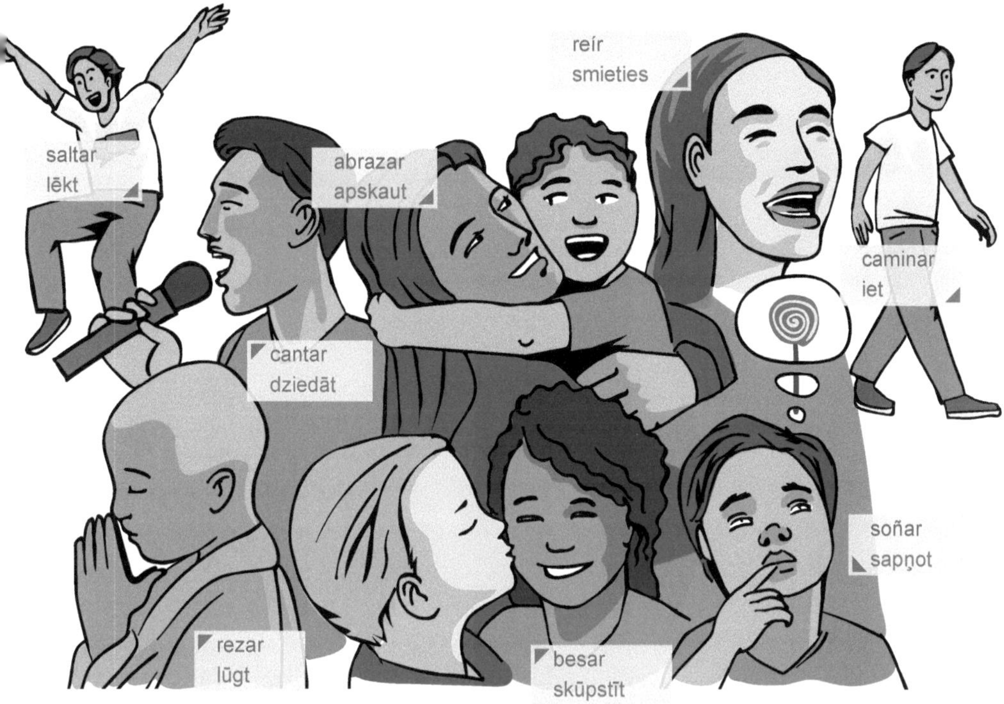

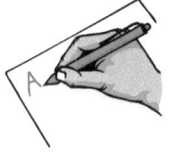

escribir
rakstīt

dibujar
zīmēt

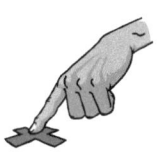

mostrar
rādīt

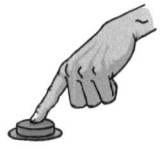

empujar
spiest

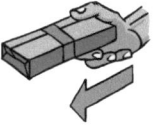

dar
dot

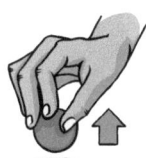

tomar
ņemt

tener

būt

hacer

darīt

ser

būt

estar de pie

stāvēt

correr

skriet

tirar

vilkt

tirar

mest

caer

krist

yacer

gulēt

esperar

gaidīt

llevar

nest

estar sentado

sēdēt

vestirse

uzģērbt

dormir

gulēt

despertar

pamosties

mirar

skatīties

llorar

raudāt

acariciar

glāstīt

peinar

ķemmēt

hablar

runāt

entender

saprast

preguntar

jautāt

escuchar

dzirdēt

beber

dzert

comer

ēst

ordenar

sakārtot

amar

mīlēt

cocinar

vārīt

conducir

braukt

volar

lidot

navegar

burot

calcular

rēķināt

leer

lasīt

aprender

mācīties

trabajar

strādāt

casarse

precēties

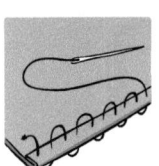

coser

šūt

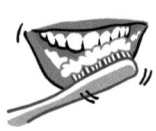

cepillarse los dientes

tīrīt zobus

matar

nogalināt

fumar

smēķēt

enviar

sūtīt

la familia
ģimene

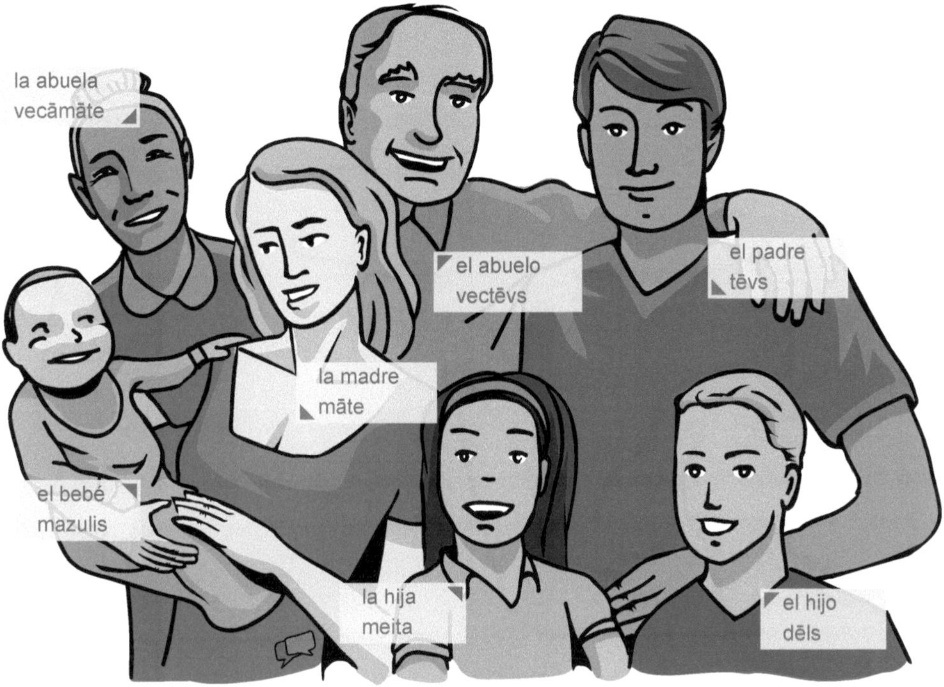

la abuela
vecāmāte
el abuelo
vectēvs
el padre
tēvs
la madre
māte
el bebé
mazulis
la hija
meita
el hijo
dēls

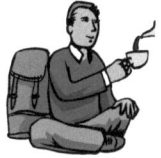

el invitado
viesis

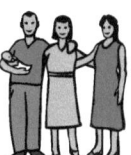

la tía
tante

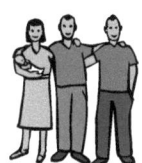

el tío
onkulis

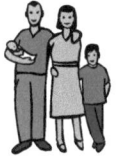

el hermano
brālis

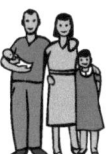

la hermana
māsa

el cuerpo

ķermenis

la frente
piere
el ojo
acs
el hombro
plecs
el dedo
pirksts
la cara
seja
la barbilla
zods
la mano
roka
la pierna
kāja
el pecho
krūtis
el brazo
roka

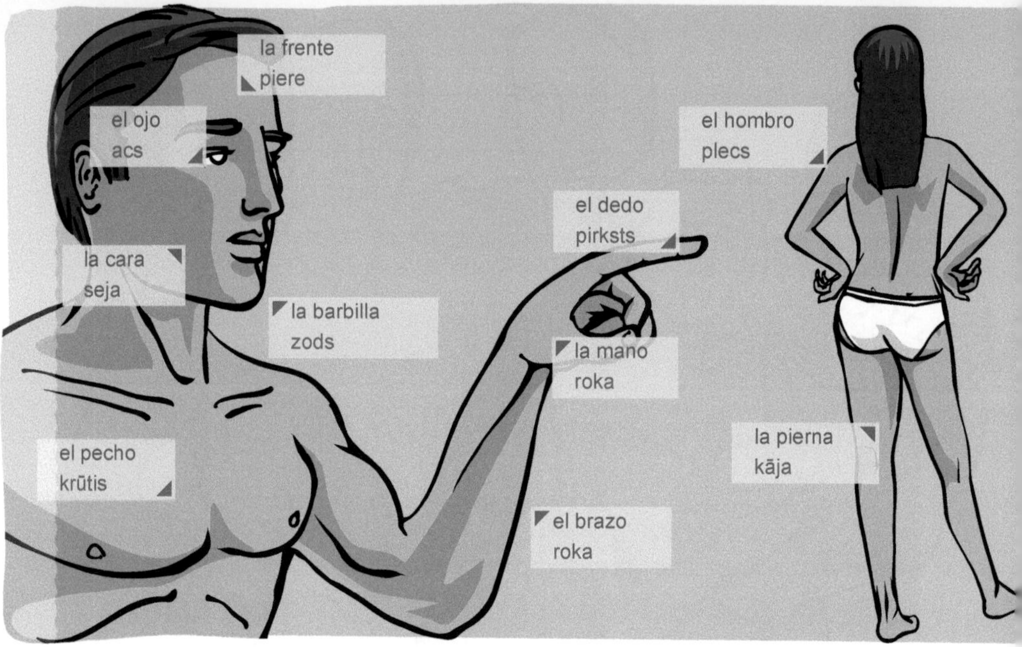

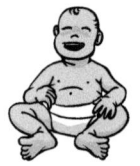

el bebé

mazulis

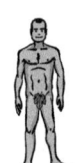

el hombre

vīrietis

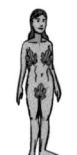

la mujer

sieviete

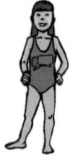

la chica

meitene

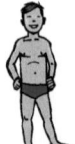

el chico

zēns

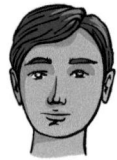

la cabeza

galva

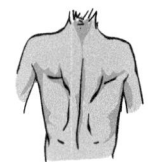

la espalda

mugura

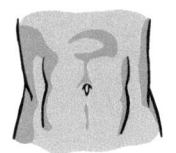

el vientre

vēders

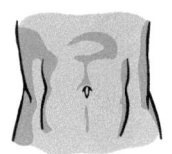

el ombligo

naba

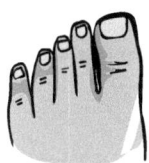

el dedo del pie

kājas pirksts

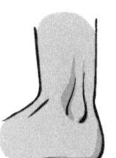

el talón

papēdis

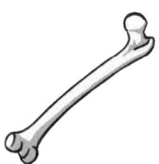

el hueso

kauls

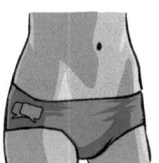

la cadera

gurns

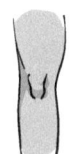

la rodilla

celis

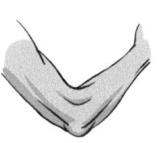

el codo

elkonis

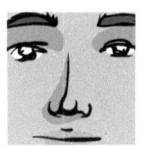

la nariz

deguns

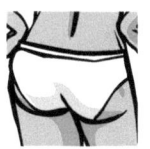

el trasero

dibens

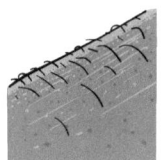

la piel

āda

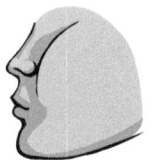

la mejilla

vaigs

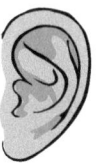

el oído

auss

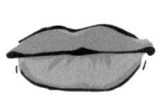

el labio

lūpa

la boca

mute

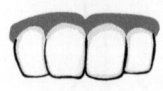

el diente

zobs

la lengua

mēle

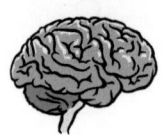

el cerebro

smadzenes

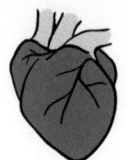

el corazón

sirds

el músculo

muskulis

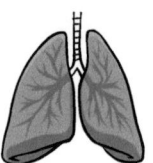

el pulmón

plaušas

el hígado

aknas

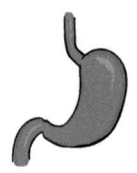

el estómago

kuņģis

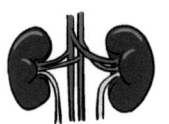

los riñones

nieres

el sexo

dzimumakts

el condón

kondoms

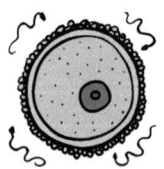

el ovario

olšūna

el semen

sperma

el embarazo

grūtniecība

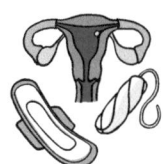

la menstruación

menstruācijas

la vagina

vagīna

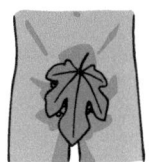

el pene

penis

la ceja

uzacs

el pelo

mati

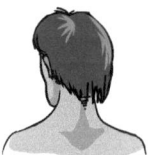

el cuello

kakls

el hospital
slimnīca

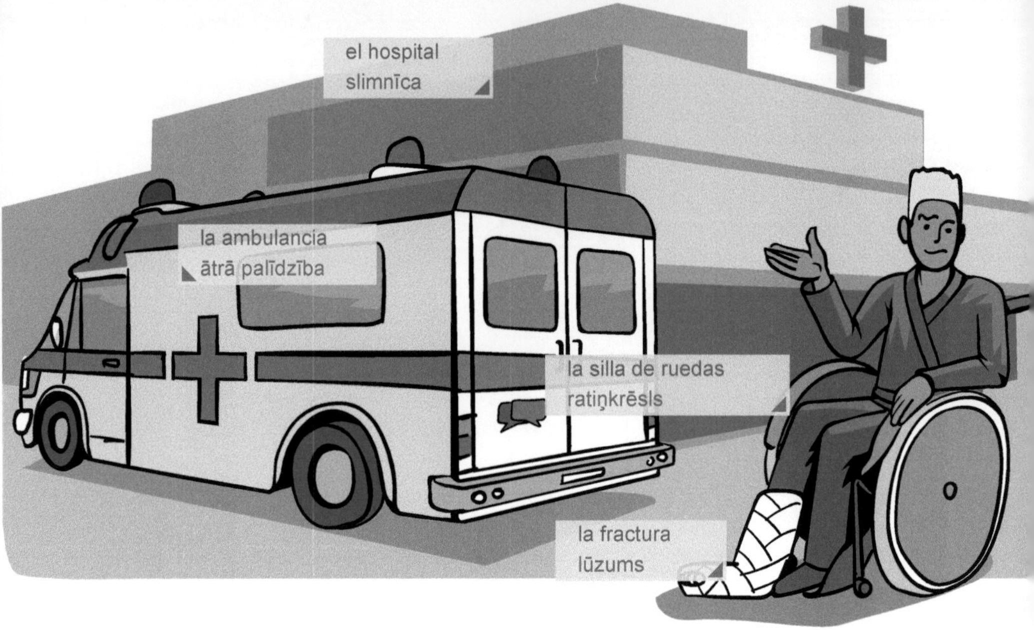

el hospital
slimnīca
la ambulancia
ātrā palīdzība
la silla de ruedas
ratiņkrēsls
la fractura
lūzums

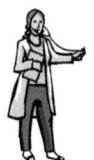

el médico

ārsts

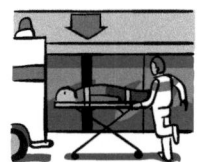

la sala de urgencias

neatliekamās palīdzības nodaļa

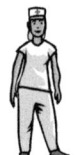

la enfermera

medmāsa

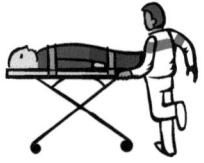

la urgencia

ārkārtas gadījums

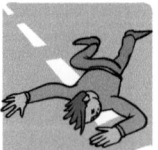

inconsciente

paģībis

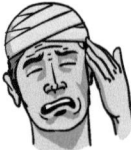

el dolor

sāpes

la lesión

ievainojums

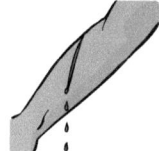

la hemorragia

asiņošana

el infarto

sirdslēkme

el ictus

insults

la alergia

alerģija

la tos

klepus

la fiebre

temperatūra

la gripe

gripa

la diarrea

caureja

el dolor de cabeza

galvassāpes

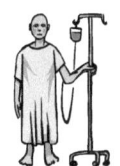

el cáncer

vēzis

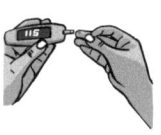

la diabetes

diabēts

el cirujano

ķirurgs

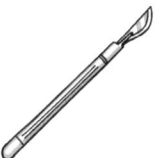

el bisturí

skalpelis

la operación

operācija

TAC

datortomogrāfija

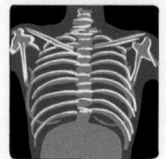

los rayos x

rentgents

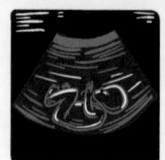

el ultrasonido

ultraskaņa

la mascarilla

sejas maska

la enfermedad

slimība

la sala de espera

uzgaidāmā telpa

la muleta

kruķis

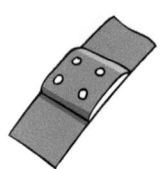

la tirita

plāksteris

la venda

apsējs

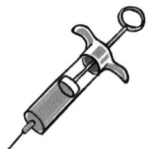

la inyección

injekcija

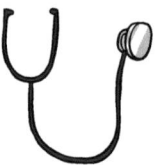

el estetoscopio

stetoskops

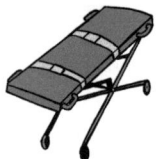

la camilla

nestuves

el termómetro

termometrs

el nacimiento

dzemdības

el sobrepeso

liekais svars

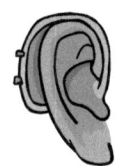

el audífono

dzirdes aparāts

el desinfectante

dezinfekcijas līdzeklis

la infección

infekcija

el virus

vīruss

VIH / SIDA

HIV / AIDS

la medicina

zāles

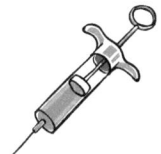

la vacunación

pote

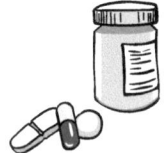

las tabletas

tabletes

la pastilla

pretapaugļošanās tablete

la llamada de urgencia

ārkārtas izsaukums

el tensiómetro

asinsspiediena mērītājs

enfermo / sano

slims / vesels

¡Socorro!

Palīgā!

la alarma

trauksme

el asalto

uzbrukums

el ataque

uzbrukums

el peligro

bīstamība

la salida de emergencia

avārijas izeja

¡Fuego!

Uguns!

el extintor de incendios

ugunsdzēšamais aparāts

el accidente

negadījums

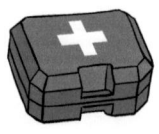

el botiquín de primeros auxilios

pirmās palīdzības aptieciņa

SOS

SOS

la policía

policija

Europa

Eiropa

Norteamérica

Ziemeļamerika

Sudamérica

Dienvidamerika

África

Āfrika

Asia

Āzija

Australia

Austrālija

el atlántico

Atlantijas okeāns

el Pacífico

Klusais okeāns

el Océano Índico

Indijas okeāns

el Océano Antártico

Dienvidu okeāns

el Océano Ártico

Ziemeļu ledus okeāns

el polo norte

Ziemeļpols

el polo sur

Dienvidpols

La Antártida

Antarktika

la tierra

zeme

la tierra

zeme

el mar

jūra

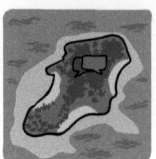

la isla

sala

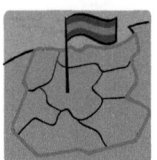

la nación

nācija

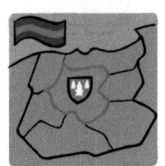

el estado

valsts

la esfera

ciparnīca

la manecilla de las horas

stundu rādītājs

el minutero

minūšu rādītājs

el segundero

sekunžu rādītājs

¿Qué hora es?

Cik ir pulkstenis?

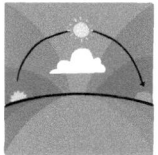

el día

diena

el tiempo

laiks

ahora

tagad

el reloj digital

digitālais pulkstenis

el minuto

minūte

la hora

stunda

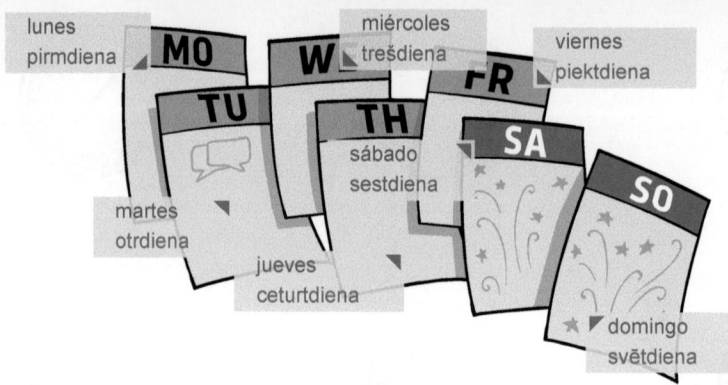

lunes
pirmdiena

miércoles
trešdiena

viernes
piektdiena

martes
otrdiena

jueves
ceturtdiena

sábado
sestdiena

domingo
svētdiena

ayer

vakardien

hoy

šodien

mañana

rītdien

la mañana

rīts

el mediodía

pusdienlaiks

la tarde

vakars

MO	TU	WE	TH	FR	SA	SU
1	2	3	4	5	6	7
8	9	10	11	12	13	14
15	16	17	18	19	20	21
22	23	24	25	26	27	28
29	30	31	1	2	3	4

los días laborables

darbadienas

MO	TU	WE	TH	FR	SA	SU
1	2	3	4	5	6	7
8	9	10	11	12	13	14
15	16	17	18	19	20	21
22	23	24	25	26	27	28
29	30	31	1	2	3	4

el fin de semana

brīvdienas

el año

gads

la lluvia
lietus
el arcoíris
varavīksne
la nieve
sniegs
el viento
vējš
la primavera
pavasaris
el otoño
rudens
el verano
vasara
el invierno
ziema

4.APRIL 11°
5.APRIL 4°
6.APRIL 13°
7.APRIL 8°
8.APRIL 10°

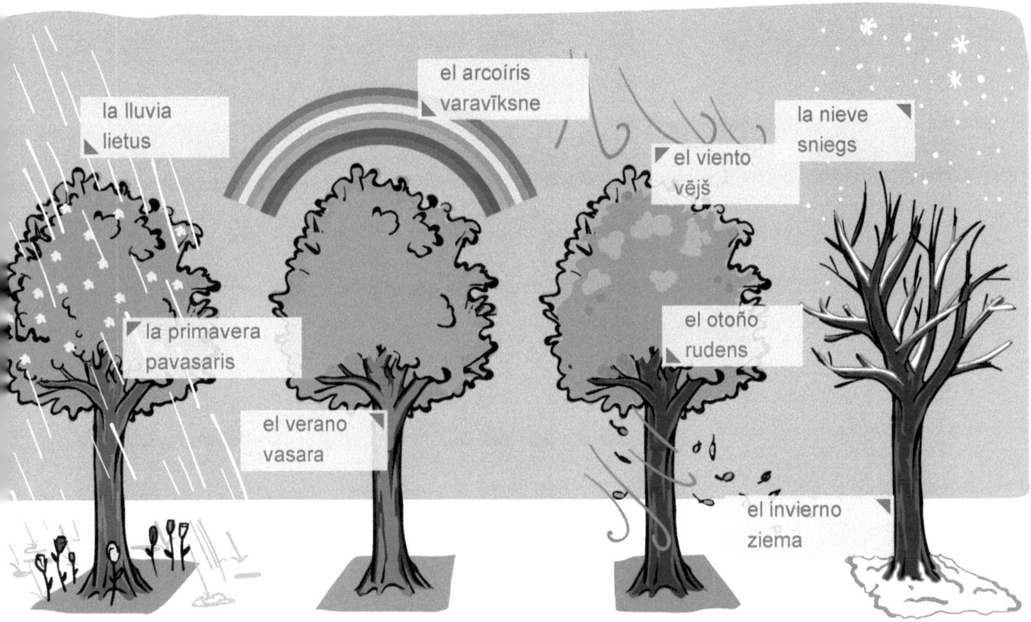

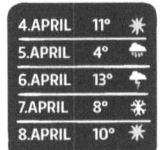

el pronóstico del tiempo

laika prognoze

F C
120 40
90 30
60 20
30 10
0 0
-30 -10
-20

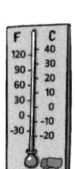

el termómetro

termometrs

el sol

saules gaisma

la nube

mākonis

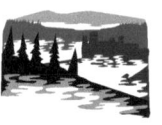

la niebla

migla

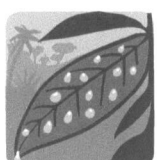

la humedad

gaisa mitrums

el rayo

zibens

el trueno

pērkons

la tormenta

vētra

el granizo

krusa

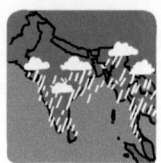

el monzón

musons

la inundación

plūdi

el hielo

ledus

enero

janvāris

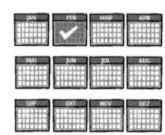

febrero

februāris

marzo

marts

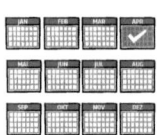

abril

aprīlis

mayo

maijs

junio

jūnijs

julio

jūlijs

agosto

augusts

el año - gads

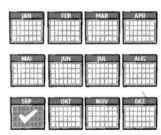

septiembre

septembris

octubre

oktobris

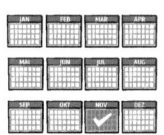

noviembre

novembris

diciembre

decembris

las formas

formas

el círculo

aplis

el cuadrado

kvadrāts

el rectángulo

četrstūris

el triángulo

trīsstūris

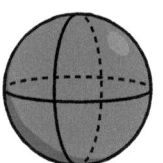

la esfera

lode

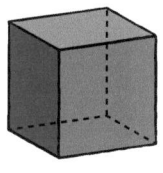

el cubo

kubs

blanco

balts

amarillo

dzeltens

anaranjado

oranžs

rosa

sārts

rojo

sarkans

morado

lillā

azul

zils

verde

zaļš

marrón

brūns

gris

pelēks

negro

melns

mucho / poco

daudz / maz

enojado / tranquilo

saniknots / miermīlīgs

bonito / feo

skaists / neglīts

principio / fin

sākums / beigas

grande / pequeño

liels / mazs

claro / oscuro

gaišs / tumšs

el hermano / la hermana

brālis / māsa

limpio / sucio

tīrs / netīrs

completo / incompleto

pilnīgs / nepilnīgs

el día / la noche

diena / nakts

muerto / vivo

miris / dzīvs

ancho / estrecho

plats / šaurs

comestible / no comestible

baudāms / nebaudāms

malo / amable

nikns / laipns

entusiasmado / aburrido

satraukts / garlaikots

gordo / delgado

resns / tievs

primero / último

pirmais /pēdējais

el amigo / el enemigo

draugs / ienaidnieks

lleno / vacío

pilns / tukšs

duro / blando

ciets / mīksts

pesado / ligero

smags / viegls

el hambre / la sed

izsalkums / slāpes

enfermo / sano

slims / vesels

ilegal / legal

nelegāls / legāls

inteligente / tonto

inteliģents / dumjš

izquierda / derecha

kreisais / labais

cerca / lejos

tuvu / tālu

nuevo / usado

jauns / lietots

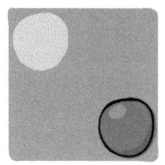

nada / algo

nekas / kaut kas

viejo / joven

vecs / jauns

encendido / apagado

ieslēgts / izslēgts

abierto / cerrado

atvērts / slēgts

silencioso / ruidoso

kluss / skaļš

rico / pobre

bagāts / nabags

correcto / incorrecto

pareizi / nepareizi

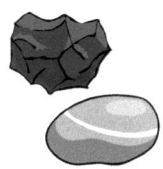

áspero / suave

raupjš / gluds

triste / contento

noskumis / laimīgs

corto / largo

īss / garš

lento / rápido

lēns / ātrs

húmedo / seco

slapjš / sauss

cálido / frío

silts / vēss

guerra / paz

karš / miers

0

cero

nulle

1

uno

viens

2

dos

divi

3

tres

trīs

4

cuatro

četri

5

cinco

pieci

6

seis

seši

7

siete

septiņi

8

ocho

astoņi

9

nueve

deviņi

10

diez

desmit

11

once

vienpadsmit

12

doce

divpadsmit

13

trece

trīspadsmit

14

catorce

četrpadsmit

15

quince

piecpadsmit

16

dieciséis

sešpadsmit

17

diecisiete

septiŋpadsmit

18

dieciocho

astoŋpadsmit

19

diecinueve

deviŋpadsmit

20

veinte

divdesmit

100

cien

simts

1.000

mil

tūkstotis

1.000.000

el millón

miljons

el inglés

anglu

el inglés americano

amerikāņu anglu

el chino madarín

ķīniešu mandarīnu valoda

el hindi

hindi

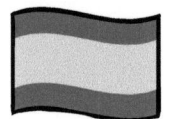

el español

spāņu

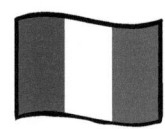

el francés

franču

el árabe

arābu

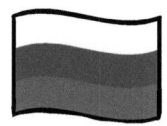

el ruso

krievu

el portugués

portugāļu

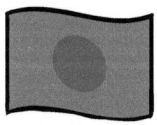

el bengalí

bengāļu

el alemán

vācu

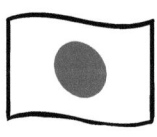

el japonés

japāņu

yo

es

tú

tu

él / ella / ello

viņš / viņa

nosotros/as

mēs

vosotros/as

jūs

ellos/as

viņi / viņas

¿quién?

kas?

¿qué?

ko?

¿cómo?

kā?

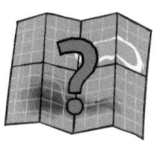

¿dónde?

kur?

¿cuándo?

kad?

el nombre

vārds

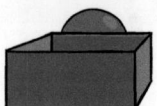

detrás

aiz

en

iekšā

delante de

priekšā

por encima de

virs

sobre

uz

debajo de

zem

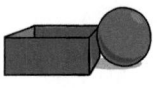

junto a

blakus

entre

starp

el lugar

vieta